I0190395

# Servicio Sacrificial

Haciendo buenas obras aún cuando cueste trabajo, sea inconveniente, o sea un desafío

Robert E. Logan
con Charles R. Ridley

Publicado por Logan Leadership

Visítenos en: **www.discipleshipdifference.com**

A menos de que se indique de manera distinta, todas las citas de la Escritura fueron tomadas de La Santa Biblia, Nueva Versión Internacional, copyright © 1999, 2011-2015 por Biblica®. Usado con permiso de Biblica®, 1820 Jet Stream Drive, CO Springs, 8092. Todos los derechos reservados.

Copyright © 2014 Robert E. Logan. Todos los derechos reservados.

ISBN: 978-1-944955-14-4

Impreso en los Estados Unidos de América

# Reconocimiento

La habilidad de escritura excepcional de Tara Miller trae nuestros pensamientos e ideas a la vida. Por encima de otros, ella hace que este libro sea posible. Por muchos años, su colaboración creativa ha hecho posible el dar recursos escritos a la iglesia para que las personas puedan descubrir y vivir el propósito que Dios les ha dado.

Traducción al español por Cristina Di Stefano.

# CONTENIDO

Creciendo en servicio sacrificial      Página 1

1ª Parte    Bendiciendo a otros con palabras y      Página 4
obras

2ª Parte    Asociándonos con otros para ministrar      Página 9
de manera práctica

3ª Parte    Ministrando personal y      Página 13
apropiadamente a los pobres

4ª Parte    Defendiendo a las personas que      Página 19
experimentan injusticia

5ª Parte    Cultivando un corazón compasivo      Página 26

¿Qué sigue?      Página 31

# Creciendo en servicio sacrificial

Esta guía es una de las ocho guías de discipulado de la serie "Dimensiones del Discipulado." Lo importante no es la guía con la cual comiences. Empieza leyendo donde tú quieras, y continúa hacia donde Dios te dirija. Cuando vivimos en un ritmo y fluir dinámico de una vida misional, necesitamos escuchar la dirección del Espíritu Santo. Estas ocho guías están organizadas según el diagrama que se muestra a continuación; examínalo para ver cómo encajan juntas cada una de las piezas.

Hay muy pocas cosas que reflejan el corazón de Dios por su pueblo mejor que el servicio sacrificial. Los seguidores de Jesús que participan en el servicio sacrificial hacia otros, edifican significativamente más credibilidad con personas de todos los sistemas de creencias, que aquellos que no sirven a los demás regularmente. Es como si toda la gente inherentemente reconociera la bondad de Dios reflejada al servir a los demás sin esperar nada a cambio. El servicio sacrificial significa hacer buenas obras aún cuando esto sea costoso, inconveniente o un desafío.

*Porque somos hechura de Dios, creados en Cristo Jesús para buenas obras, las cuales Dios dispuso de antemano a fin de que las pongamos en práctica. Efesios 2:10*

*Sólo nos pidieron que nos acordáramos de los pobres, y eso es precisamente lo que he venido haciendo con esmero. Gálatas 2:10*

¿Cómo podemos servir sacrificialmente? ¿A través de qué medios? ¿De qué motivación? La guía de transformación personal está diseñada para ayudarnos a meditar en preguntas como estas. La siguiente trayectoria de cinco partes, cubre estas expresiones esenciales de transformación personal:

o Bendiciendo a otros con palabras y obras
o Asociándonos con otros para ministrar de manera práctica
o Ministrando personal y apropiadamente a los pobres
o Defendiendo a las personas que experimentan injusticia
o Cultivando un corazón compasivo

"La manera en la que vivimos nuestros días es, claro, cómo viviremos nuestras vidas." – Annie Dillard

Reúnete con un grupo de tres o cuatro para hablar de cada una de estas expresiones. Hazle a cada uno las siguientes preguntas. Espera, y pon atención a las respuestas que surgen del corazón. Anímense, desafíense y afírmense uno al otro. Vayan a su propio paso: pueden estudiar una guía a la semana, o una guía cada mes. Sigan cualquier ritmo que funcione mejor para ustedes. Asegúrense de dejar tiempo suficiente para comenzar a vivir cada una de estas conductas.

"El día de ayer ya se fue. El día de mañana todavía no llega. Sólo tenemos el día de hoy. Comencemos." — Madre Teresa

## 1ª Parte:

## Bendiciendo a otros con palabras y obras

*Pregunta clave:* *¿Cómo estás bendiciendo a los demás con tus palabras? ¿Cómo estás bendiciendo a los demás con tus obras?*

Un vaso de agua fría habla volúmenes. Una palabra generosa puede ser como agua en una tierra parchada. No sabemos cuánto la necesitamos hasta que alguien se toma el tiempo para dárnosla. Considera los actos de servicio que podemos hacer uno por el otro: cuidar al hijo de alguien más, ofrecer nuestros conocimientos cuando son necesarios, o llevar a alguien al aeropuerto. Estas son cosas pequeñas que causan una gran diferencia por el mensaje que dan.

Amamos no sólo con acciones, sino también con palabras. Considera el poder que tienen los mensajes que podemos darle a la otra persona: Eres amado. Tienes valor. Tu contribución sí importa. Estas son palabras de vida que tienen el potencial para causar un impacto profundo a largo plazo. Tenemos el poder de pasar a los demás las cosas que hemos aprendido y recibido. Y milagrosamente también podemos pasar a otros aún las cosas que no hemos recibido. Tal vez no fuimos amados sanamente como niños, pero tenemos el poder de amar a un niño de manera sana por el gran amor que Dios ha derramado en nosotros. El servicio sacrificial abre una fuente de abundancia en este aspecto, dando vida, no sólo a nosotros, sino también a los demás.

"De igual manera, nuestro impulso a quedarnos con lo que hemos aprendido, no sólo es vergonzoso, es también destructivo. Cualquier cosa que no regales con libertad y abundancia, se vuelve una pérdida para ti. Abres tu caja fuerte y encuentras cenizas."
— Annie Dillard, *The Writing Life* (*"La vida escribiendo"*)

Esta semana lee y reflexiona diariamente en la Escritura presentada a continuación. Comienza un fluir natural de oración conversacional con el Espíritu Santo al meditar en las Escrituras, invitándolo a que Él se revele. Luego reúnete con los que estás compartiendo esta trayectoria, e interactúen con las preguntas del discipulado.

**Lucas 10:25-37**

En esto se presentó un experto en la ley y, para poner a prueba a Jesús, le hizo esta pregunta:

—Maestro, ¿qué tengo que hacer para heredar la vida eterna?

26 Jesús replicó:

—¿Qué está escrito en la ley? ¿Cómo la interpretas tú?

27 Como respuesta el hombre citó:

—"Ama al Señor tu Dios con todo tu corazón, con todo tu ser, con todas tus fuerzas y con toda tu mente", y: "Ama a tu prójimo como a ti mismo."

28 —Bien contestado —le dijo Jesús—. Haz eso y vivirás.

[29] Pero él quería justificarse, así que le preguntó a Jesús:

—¿Y quién es mi prójimo?

[30] Jesús respondió:

—Bajaba un hombre de Jerusalén a Jericó, y cayó en manos de unos ladrones. Le quitaron la ropa, lo golpearon y se fueron, dejándolo medio muerto. [31] Resulta que viajaba por el mismo camino un sacerdote quien, al verlo, se desvió y siguió de largo. [32] Así también llegó a aquel lugar un levita, y al verlo, se desvió y siguió de largo. [33] Pero un samaritano que iba de viaje llegó adonde estaba el hombre y, viéndolo, se compadeció de él. [34] Se acercó, le curó las heridas con vino y aceite, y se las vendó. Luego lo montó sobre su propia cabalgadura, lo llevó a un alojamiento y lo cuidó. [35] Al día siguiente, sacó dos monedas de plata y se las dio al dueño del alojamiento. "Cuídemelo —le dijo—, y lo que gaste usted de más, se lo pagaré cuando yo vuelva." [36] ¿Cuál de estos tres piensas que demostró ser el prójimo del que cayó en manos de los ladrones?

[37] —El que se compadeció de él —contestó el experto en la ley.

—Anda entonces y haz tú lo mismo —concluyó Jesús.

---

"Una vida que no se vive para los demás no es vida." - Madre Teresa

**Preguntas del discipulado:**

- ○ ¿Cómo estás bendiciendo a los demás con tus palabras?

- ○ ¿Cómo estás bendiciendo a los demás con tus obras?

- ○ ¿A quién conoces que necesite ser bendecido?

- ○ ¿Cuál es tu impresión de la historia del buen samaritano?

**Contando la historia**

Cuenta la historia del buen Samaritano desde las siguientes perspectivas:

- ○ El hombre que está viajando
- ○ El sacerdote
- ○ El samaritano
- ○ El mesonero

## Pasos de acción:

- o Tomando en cuenta esto, ¿qué te está pidiendo Dios a ti?

- o ¿Cómo lo llevarás a cabo?

- o ¿Cuándo lo harás?

- o ¿Quién te ayudará?

# 2ª Parte:

# Asociándonos con otros para ministrar de manera práctica

*Pregunta clave: ¿Cómo te estás asociando con otros para ministrar de manera práctica?*

Las buenas nuevas que realmente son buenas, tienen implicaciones prácticas. Son importantes para la gente. Causan una diferencia en la vida diaria de las personas. Si su ministerio no está haciendo eso, ¿cómo está reflejando usted a Jesús hacia las personas? Cuando se le pidió a Jesús una prueba de que Él era el Mesías, Él citaba las implicaciones prácticas de su ministerio. Nuestro ministerio, aunque sea menos milagroso, también debe reflejar la presencia de Jesús de manera práctica.

Vamos a necesitar que otros caminen a nuestro lado para lograr esto. Muy pocas cosas que causan una gran diferencia pueden ser hechas por una sola persona. Considera las personas que se pueden asociar con usted para servir a los demás. Cada persona tendrá una contribución que logrará el resultado completo. Busca a tu alrededor y observa las necesidades de tu comunidad. ¿Qué le mostraría la presencia de Dios a esta gente en particular? ¿Qué sería una buena noticia para ellos?

Esta semana lee y reflexiona diariamente en la Escritura presentada a continuación. Comienza un fluir natural de oración conversacional con el Espíritu Santo al meditar en las Escrituras, invitándolo a que Él se revele. Luego reúnete con los que estás compartiendo esta trayectoria, e interactúen con las preguntas del discipulado.

## Mateo 11:2-6

Juan estaba en la cárcel, y al enterarse de lo que Cristo estaba haciendo, envió a sus discípulos a que le preguntaran:

³ —¿Eres tú el que ha de venir, o debemos esperar a otro?

⁴ Les respondió Jesús:

—Vayan y cuéntenle a Juan lo que están viendo y oyendo: ⁵ Los ciegos ven, los cojos andan, los que tienen lepra son sanados, los sordos oyen, los muertos resucitan y a los pobres se les anuncian las buenas nuevas. ⁶ Dichoso el que no tropieza por causa mía.

## Tito 3:14

Que aprendan los nuestros a empeñarse en hacer buenas obras, a fin de que atiendan a lo que es realmente necesario y no lleven una vida inútil.

## Santiago 1:27

La religión pura y sin mancha delante de Dios nuestro Padre es ésta: atender a los huérfanos y a las viudas en sus aflicciones, y conservarse limpio de la corrupción del mundo.

---

## Lista de Necesidades

Haz una lista de las necesidades en tu comunidad. Piensa en grande, piensa en pequeño. Escribe todas las que puedas. ¿Cuáles serían buenas noticias para estas personas? Escribe cada una en un papelito auto-adherible. Luego júntate con otros y cada uno escoja el papel al cual Dios te está dirigiendo a tratar.

**Preguntas del discipulado:**

- ○ ¿Quién está trabajando a tu lado para ministrar a otros?

- ○ ¿Qué dones y contribuciones únicas ofrece cada una de estas personas?

- ○ ¿A quién crees que Dios está llamando a ministrar?

- ○ ¿Qué necesidades ves a tu alrededor?

o ¿A cuáles de estas necesidades en tu comunidad te puedes dirigir?

o ¿Cómo puedes mejorar esto?

**Pasos de acción:**

o Tomando en cuenta esto, ¿qué te está pidiendo Dios a ti?

o ¿Cómo lo llevarás a cabo?

o ¿Cuándo lo harás?

o ¿Quién te ayudará?

# 3ª Parte:

# Ministrando personal y apropiadamente a los pobres

**Pregunta clave:** *¿Cómo estás ministrando personal y apropiadamente a los pobres?*

Como seguidores de Jesús, somos llamados a servir a los demás. Pero hay algo singularmente abnegado acerca de servir al pobre, al oprimido y al desamparado. Estas son personas que no nos pueden pagar. Son las mismas personas a las cuales Jesús les abrió completamente las puertas del reino. Dios llama al pobre, al cansado y al oprimido a sí mismo para darles descanso... y Él espera usarnos a nosotros (como sus manos) para hacerlo. Nosotros somos las manos y los pies de Jesús para un mundo que no puede ayudarse a sí mismo. En efecto, los actos de servicio hacia los pobres es uno de los únicos casos en la Escritura en el cual Dios promete recompensa y bendición.

Somos llamados a servir a los pobres de manera personal. Eso significa más que solo mandar un cheque. Al interactuar con los pobres, Dios quiere hacer su obra en nosotros también. Podemos participar con ellos como individuos únicos hechos a la imagen de Dios, iguales a nosotros mismos, a nuestros amigos y a nuestra familia. Los debemos tratar con respeto y servirles en maneras en las beneficiarán sus vidas diarias y su crecimiento.

Esta semana lee y reflexiona diariamente en la Escritura presentada a continuación. Comienza un fluir natural de oración conversacional con el Espíritu Santo al meditar en las Escrituras, invitándolo a que Él se revele. Luego reúnete con los que estás compartiendo esta trayectoria, e interactúen con las preguntas del discipulado.

## Mateo 22:1-10

Jesús volvió a hablarles en parábolas, y les dijo: [2] «El reino de los cielos es como un rey que preparó un banquete de bodas para su hijo. [3] Mandó a sus siervos que llamaran a los invitados, pero éstos se negaron a asistir al banquete. [4] Luego mandó a otros siervos y les ordenó: "Digan a los invitados que ya he preparado mi comida: Ya han matado mis bueyes y mis reses cebadas, y todo está listo. Vengan al banquete de bodas." [5] Pero ellos no hicieron caso y se fueron: uno a su campo, otro a su negocio. [6] Los demás agarraron a los siervos, los maltrataron y los mataron. [7] El rey se enfureció. Mandó su ejército a destruir a los asesinos y a incendiar su ciudad. [8] Luego dijo a sus siervos: "El banquete de bodas está preparado, pero los que invité no merecían venir. [9] Vayan al cruce de los caminos e inviten al banquete a todos los que encuentren." [10] Así que los siervos salieron a los caminos y reunieron a todos los que pudieron encontrar, buenos y malos, y se llenó de invitados el salón de bodas.

## Gálatas 2:10

Sólo nos pidieron que nos acordáramos de los pobres, y eso es precisamente lo que he venido haciendo con esmero.

## Mateo 5:46-47

Si ustedes aman solamente a quienes los aman, ¿qué recompensa recibirán? ¿Acaso no hacen eso hasta los recaudadores de impuestos? [47] Y si saludan a sus hermanos solamente, ¿qué de más hacen ustedes? ¿Acaso no hacen esto hasta los gentiles?

## Mateo 25:31-46

»Cuando el Hijo del hombre venga en su gloria, con todos sus ángeles, se sentará en su trono glorioso. [32] Todas las naciones se reunirán delante de él, y él separará a unos de otros, como separa el pastor las ovejas de las cabras. [33] Pondrá las ovejas a su derecha, y las cabras a su izquierda.

[34] »Entonces dirá el Rey a los que estén a su derecha: "Vengan ustedes, a quienes mi Padre ha bendecido; reciban su herencia, el reino preparado para ustedes desde la creación del mundo. [35] Porque tuve hambre, y ustedes me dieron de comer; tuve sed, y me dieron de beber; fui forastero, y me dieron alojamiento; [36] necesité ropa, y me vistieron; estuve enfermo, y me atendieron; estuve en la cárcel, y me visitaron." [37] Y le contestarán los justos: "Señor, ¿cuándo te vimos hambriento y te alimentamos, o sediento y te dimos de beber? [38] ¿Cuándo te vimos como forastero y te dimos alojamiento, o necesitado de ropa y te vestimos? [39] ¿Cuándo te vimos enfermo o en la cárcel y te visitamos?" [40] El Rey les responderá: "Les aseguro que todo lo que hicieron por uno de mis hermanos, aun por el más pequeño, lo hicieron por mí."

[41] »Luego dirá a los que estén a su izquierda: "Apártense de mí, malditos, al fuego eterno preparado para el diablo y sus ángeles. [42] Porque tuve hambre, y ustedes no me dieron nada de comer; tuve sed, y no me dieron nada de beber; [43] fui forastero, y no me dieron alojamiento; necesité ropa, y no me vistieron; estuve enfermo y en la cárcel, y no me atendieron." [44] Ellos también le contestarán: "Señor, ¿cuándo te vimos hambriento o sediento, o como forastero, o necesitado de ropa, o enfermo, o en la cárcel, y no te ayudamos?" [45] Él les responderá: "Les aseguro que todo lo que no hicieron por el más pequeño de mis hermanos, tampoco lo hicieron por mí."

[46] »Aquéllos irán al castigo eterno, y los justos a la vida eterna.

---

"Al final de la vida, no seremos juzgados por cuántos diplomas hemos recibido, cuánto dinero hemos ganado, o cuántas cosas magníficas hemos hecho. Seremos juzgado por 'Tuve hambre, y me diste de comer, estuve desnudo y me vestiste. No tenía dónde vivir, y me recogiste.'"
— Madre Teresa

**Preguntas del discipulado:**

- o ¿Quiénes son los pobres?



- o ¿Qué necesitan?

o ¿Cómo está usted ministrando personalmente?

o ¿Cómo está usted ministrando apropiadamente?

o ¿De qué manera es su ministerio proactivo y de qué manera es reactivo?

o ¿Cómo estás contribuyendo al cambio a largo plazo?

o ¿Cómo estás cambiando al participar con los pobres?

**Organiza una fiesta**

Comienza a planear una fiesta como la que se describe en Mateo 22... una fiesta con la puerta completamente abierta. ¿A quién invitarías?

## Pasos de acción:

- o Tomando en cuenta esto, ¿qué te está pidiendo Dios a ti?

- o ¿Cómo lo llevarás a cabo?

- o ¿Cuándo lo harás?

- o ¿Quién te ayudará?

# 4ª Parte:

# Defendiendo a las personas que experimentan injusticia

**Pregunta clave:** *¿Cómo estás defendiendo a las personas que experimentan injusticia?*

Ninguno de nosotros tenemos que buscar muy lejos para encontrar injusticia en el mundo. Algunas injusticias son más obvias que otras. Somos menos sensibles a unas injusticias que a otras. Pero al vivir en este mundo caído, aunque esa no era la intención original para el mundo, podemos ver injusticia a nuestro alrededor. La pregunta es, como seguidores de Jesús, ¿qué haremos acerca de esto? ¿Nos quedaremos callados, diciendo que así es la vida? ¿O tomaremos el riesgo de decir algo al respecto? Porque a menudo hay un precio que pagar por hacerlo.

> "El silencio ante el mal es maldad en sí mismo: Dios no nos verá como inocentes. Quedarse en silencio es hablar. No actuar, es actuar." — Dietrich Bonhoeffer

Considera la época de esclavitud en los Estados Unidos. Los seguidores de Jesús que hablaron en contra de estas prácticas eran difamados y marginados, aún por otros grupos que se autonombraban cristianos. Sin embargo, dijeron algo al respecto, e hicieron lo justo, luchando contra la injusticia. En doscientos años, cuando la gente recuerde nuestra época, qué injusticias verán que estamos defendiendo nosotros? ¿Cuáles sistemas quebrantados y prácticas injustas estamos tratando de cambiar? Si tenemos éxito o no, es un asunto secundario. El asunto principal es si estamos dispuestos a tratar de hacerlo o no.

La injusticia no sólo se ve en asuntos sociales a gran escala. Es personal. Tiene un rostro. Considera a personas específicas que actualmente están experimentando alguna injusticia. ¿Cómo puedes defenderlos?

> "No solamente debemos vendar las heridas de las víctimas bajo las ruedas de la injusticia, debemos clavarle un rayo a la rueda misma." — Dietrich Bonhoeffer

Esta semana lee y reflexiona diariamente en la Escritura presentada a continuación. Comienza un fluir natural de oración conversacional con el Espíritu Santo al meditar en las Escrituras, invitándolo a que Él se revele. Luego reúnete con los que estás compartiendo esta trayectoria, e interactúen con las preguntas del discipulado.

**Amos 5:7-24**

Ustedes convierten el derecho en amargura
   y echan por tierra la justicia.

8 El SEÑOR hizo las Pléyades y el Orión,
   convierte en aurora las densas tinieblas
   y oscurece el día hasta convertirlo en noche.

Él convoca las aguas del mar
   y las derrama sobre la tierra.
   ¡Su nombre es el SEÑOR!
⁹ Él reduce a la nada la fortaleza
   y trae la ruina sobre la plaza fuerte.

¹⁰ Ustedes odian al que defiende la justicia en el tribunal
   y detestan al que dice la verdad.
¹¹ Por eso, como pisotean al desvalido
   y le imponen tributo de grano,
no vivirán en las casas de piedra labrada que han construido,
   ni beberán del vino de los selectos viñedos que han plantado.
¹² ¡Yo sé cuán numerosos son sus delitos,
   cuán grandes sus pecados!

Ustedes oprimen al justo, exigen soborno
   y en los tribunales atropellan al necesitado.
¹³ Por eso en circunstancias como éstas guarda silencio el prudente,
   porque estos tiempos son malos.

¹⁴ Busquen el bien y no el mal, y vivirán;
   y así estará con ustedes el SEÑOR Dios Todopoderoso,
   tal como ustedes lo afirman.

¹⁵ ¡Odien el mal y amen el bien!
   Hagan que impere la justicia en los tribunales;
tal vez así el SEÑOR, el Dios Todopoderoso,
   tenga compasión del remanente de José.

¹⁶ Por eso, así dice el SEÑOR omnipotente, el Dios
Todopoderoso:

«En todas las plazas se escucharán lamentos,
 y gritos de angustia en todas las calles.
Llamarán a duelo a los campesinos,
 y a los llorones profesionales, a hacer lamentación.
¹⁷ Se escucharán lamentos en todos los viñedos
 cuando yo pase en medio de ti»,
dice el SEÑOR.

¹⁸ ¡Ay de los que suspiran
 por el día del SEÑOR!
¿De qué les servirá ese día
 si va a ser de oscuridad y no de luz?
¹⁹ Será como cuando alguien huye de un león
 y se le viene encima un oso,
o como cuando al llegar a su casa,
 apoya la mano en la pared
 y lo muerde una serpiente.
²⁰ ¿No será el día del SEÑOR de oscuridad y no de luz?
 ¡Será por cierto sombrío y sin resplandor!

²¹ «Yo aborrezco sus fiestas religiosas;
 no me agradan sus cultos solemnes.
²² Aunque me traigan holocaustos y ofrendas de cereal,
 no los aceptaré,
ni prestaré atención
 a los sacrificios de comunión de novillos cebados.
²³ Aleja de mí el bullicio de tus canciones;
 no quiero oír la música de tus cítaras.

24 ¡Pero que fluya el derecho como las aguas,
y la justicia como arroyo inagotable!

---

## Preguntas del discipulado:

- o ¿Quién de tus conocidos está experimentando alguna injusticia ahora?


- o ¿Qué estás haciendo por esa situación?


- o ¿Hacia qué injusticias sientes algo más profundo?


- o ¿Qué puedes hacer al respecto?


- o ¿Qué clase de riesgo tomarás personalmente?

o ¿Qué tipo de recompensa podrá haber al final?

o ¿Qué personajes en la historia admiras más por la manera en la que se levantaron en contra de la injusticia? ¿Cómo podrías imitarlos?

**Lleva a cabo una encuesta:** A todo el mundo le importa algo. Dios coloca cargas distintas en los corazones de personas distintas... y eso se extiende aún a las personas que todavía no lo conocen. Entrevista a algunas personas en tu comunidad e investiga qué injusticia les duele más. ¿Qué situación hace que se sientan mal en su interior?

**Pasos de acción:**

o Tomando en cuenta esto, ¿qué te está pidiendo Dios a ti?

o ¿Cómo lo llevarás a cabo?

o  ¿Cuándo lo harás?


o  ¿Quién te ayudará?

# 5ª Parte:

# Cultivando un corazón compasivo

*Pregunta clave: ¿Cómo estás cultivando un corazón compasivo?*

Debemos ser personas a las que sí nos importan los demás, y con ese sentir orar que Dios haga su obra. Aún así, cultivar la compasión es más difícil que sólo tomar algunos pasos o hacer algunas cosas. Para cultivar la compasión, necesitamos abrirnos al dolor de la necesidad de los demás. Eso es inherentemente aterrador, amenazando abrumarnos sin ayuda divina. Imagina estar de pie en medio de un mar de mendigos pidiendo comida, y sólo tienes un poco para ofrecer. Nuestra inclinación natural es huir, encontrar alguna manera para protegernos. Porque querer cuidar, a un nivel profundo y auténtico en nuestro espíritu, abre nuestro corazón al dolor.

La compasión no sólo nos hace vulnerables al dolor, también nos pone cara a cara ante nuestro propio sentido de insuficiencia. Sabemos que no somos lo suficientemente fuertes, lo suficientemente ricos, o lo suficientemente inteligentes para resolver los problemas de las personas. No somos Dios; sólo podemos hacer lo que está a nuestro alcance. Esa es la razón por la cual traemos estas necesidades ante Él en oración. Nosotros solos no podemos traer sanidad y reconciliación, pero podemos experimentar el poder de Dios obrando a través de nosotros al confiar en Él y escuchar su voz y dirección.

"Amar es ser vulnerable. Ama cualquier cosa y tu corazón será exprimido y tal vez hasta se romperá. Si quieres asegurarte que se quede intacto, no se lo debes dar a nadie, ni siquiera a un animal. Envuélvelo cuidadosamente con pasatiempos y lujos pequeños; evita todo enredo. Enciérralo fuera de peligro en el ataúd de tu egoísmo. Pero en ese ataúd, seguro, oscuro, sin movimiento y sin aire, cambiará. No se romperá; se volverá irrompible, impenetrable, irredimible. Amar es ser vulnerable." — C.S. Lewis

Esta semana lee y reflexiona diariamente en la Escritura presentada a continuación. Comienza un fluir natural de oración conversacional con el Espíritu Santo al meditar en las Escrituras, invitándolo a que Él se revele. Luego reúnete con los que estás compartiendo esta trayectoria, e interactúen con las preguntas del discipulado.

**Mateo 9:36-38**

Al ver a las multitudes, tuvo compasión de ellas, porque estaban agobiadas y desamparadas, como ovejas sin pastor. [37] «La cosecha es abundante, pero son pocos los obreros —les dijo a sus discípulos—. [38] Pídanle, por tanto, al Señor de la cosecha que envíe obreros a su campo.»

**Mateo 14:14**

Cuando Jesús desembarcó y vio a tanta gente, tuvo compasión de ellos y sanó a los que estaban enfermos.

**Mateo 15:32**

Jesús llamó a sus discípulos y les dijo:—Siento compasión de esta gente porque ya llevan tres días conmigo y no tienen nada que comer. No quiero despedirlos sin comer, no sea que se desmayen por el camino.

**Mateo 20:34**

Jesús se compadeció de ellos y les tocó los ojos. Al instante recobraron la vista y lo siguieron.

**1 Pedro 3:8-9**

En fin, vivan en armonía los unos con los otros; compartan penas y alegrías, practiquen el amor fraternal, sean compasivos y humildes. [9] No devuelvan mal por mal ni insulto por insulto; más bien, bendigan, porque para esto fueron llamados, para heredar una bendición.

---

**Oración**

Pídele a Dios que te muestre hacia quién te está enviando. Todos vivimos como personas enviadas, ¿Hacia quién específicamente te está enviando Dios? ¿Por quién sientes compasión? ¿La situación o dificultad de qué persona te hace sentir triste? Pídele a Dios que quebrante tu corazón por las cosas que quebrantan el corazón de Él. Pídele sanidad y reconciliación.

"No debemos cansarnos de hacer cosas pequeñas por amor a Dios, quien recuerda no sólo la grandeza de la obra, sino el amor con la cual fue llevada a cabo."
— Hermano Lawrence, *The Practice of the Presence of God* *("La práctica de la presencia de Dios")*

**Preguntas del discipulado:**

o ¿Cómo describirías el rol de compasión en tu vida?

o ¿Por quién sientes compasión? ¿Cómo demuestras esa compasión?

o ¿Qué evidencia de esa compasión ves en la vida de Jesús? ¿A través de qué acciones lo demostró?

o ¿Qué prácticas te pueden ayudar a crecer en el área de la compasión?

- o ¿Cómo has visto a Dios obrar en tu vida por un paso o riesgo que tomaste para servir a los demás?

**Pasos de acción:**

- o Tomando en cuenta esto, ¿qué te está pidiendo Dios a ti?

- o ¿Cómo lo llevarás a cabo?

- o ¿Cuándo lo harás?

- o ¿Quién te ayudará?

"Hasta cierto punto, yo sólo sentí, tú sabes, Dios no está buscando limosnas, Dios está buscando acción." — Bono

# ¿Qué sigue?

Así que has terminado esta guía. ¿Ahora qué? Existe alguna otra dimensión del discipulado en la que debes enfocarte? Si es así, ¿en cuál?

Ya que las guías de "Dimensiones del Discipulado" no fueron hechas para ser usadas en algún orden en particular, te toca a ti escuchar la voz del Espíritu Santo. Mira más allá, y decide a dónde te está dirigiendo Dios después. Al seguir un sistema integral, siempre habrá una sorpresa. No importa la guía que escojas después, estarás participando en un proceso de acción y reflexión al vivir una vida encarnada y misional. Todas las guías de Dimensiones del Discipulado se indican a continuación:

- *Experimentando a Dios:* Participando intencional y consistentemente con Dios en una relación más profunda

- *Capacidad de Respuesta Espiritual*: Escuchando al Espíritu Santo y actuando según lo que escuchas

- *Servicio Sacrificial:* Haciendo buenas obras, aún cuando sea costoso, inconveniente o un desafío

- *Una Vida Generosa:* Fielmente administrando lo que Dios te ha dado para que el reino avance

- *Haciendo Discípulos:* Haciendo más y mejores seguidores de Cristo al vivir la Gran Comisión

- *Transformación Personal:* Cambiando tu conducta y actitud por tu relación con Dios y con los demás

- *Relaciones Auténticas:* Participando con otras personas en maneras que reflejen el corazón de Dios hacia ellos

- o *Transformación en la Comunidad:* Una participación personal con otros para facilitar un cambio positivo donde vives y más allá

Tal vez lo que sigue no es otra guía de "Dimensiones del Discipulado." A continuación leerás otras opciones como alternativa:

- o Puedes continuar con una serie similar, como por ejemplo, las guías tituladas "The Journey Together Now" ("El camino juntos ahora"). Puedes leer más acerca de estas guías, y descargarlas en: www.journeytogethernow.com.

- o Si tienes un amigo o mentor con el cual has estado leyendo estas guías, o si te gustaría comenzar a discipular a alguien más, puedes comenzar una relación de entrenamiento en línea en: www.mycoachlog.com – esta es una herramienta que te puede ayudar a mantenerte enfocado, reflexionando acerca de lo que Dios está haciendo, y celebrando el progreso.

- o Puedes estar listo para participar en una relación más formal como entrenador de alguien que te puede desafiar a ti al siguiente nivel de una vida misional y liderazgo. Visita: www.loganleadership.com para informarte acerca de cómo ser un asesor ("coaching").

Sin importar lo que siga en tu vida, continúa creciendo siguiendo a Jesús en esta trayectoria de discipulado.

www.ingramcontent.com/pod-product-compliance
Lightning Source LLC
Chambersburg PA
CBHW071940020426
42331CB00010B/2952

9 781944 955144